AF357738

EXTRAIT DU COMPTE-RENDU

De l'Académie des Sciences morales et politiques,

RÉDIGÉ PAR M. Ch. VERGÉ

Sous la direction de M. le Secrétaire perpétuel de l'Académie.

LE JAPON ET ROME

AU XVIIe SIÈCLE

PAR

M. DROUYN DE LHUYS

MEMBRE DE L'INSTITUT.

PARIS

—

1877

LE JAPON ET ROME AU XVIIᵉ SIÈCLE [1]

On trouve dans le premier numéro d'un journal anglais,
qui a paru au Japon au commencement de la présente
année (le 6 janvier 1877) sous ce titre : *The Tokio Times*,
un article contenant de curieux détails sur une mission
envoyée en Europe, et particulièrement auprès du pape
Paul V, en 1613, par le daïmio Date Masamune, prince
d'Oshiu, province appelée aujourd'hui Sendai, et située
dans le nord de l'empire. Cette mission est mentionnée
dans les écrits de Charlevoix et des autres annalistes de
la Compagnie de Jésus, ainsi que dans divers documents
italiens et latins qui ont été soigneusement analysés par
un auteur américain de nos jours, Richard Hildreth, dans
son consciencieux ouvrage sur le Japon. D'autre part, elle
était demeurée pour ainsi dire ignorée des savants japonais eux-mêmes ; ce qni s'explique à la fois par le régime
féodal qui avait scindé le pays en États indépendants
peu soucieux de communiquer des faits qu'on supposait
n'intéresser qu'eux-mêmes, et par la politique ombra-
geuse des Taïkouns de Tokugawa, qui s'attachaient à
dérober à la masse de la nation tous les documents
concernant les relations extérieures du Nippon. L'éloi-
gnement et l'isolement comparatif du Sendai avaient
contribué à ce résultat, lorsqu'on découvrit dans cette
province, tout récemment, des pièces écrites et d'anciens

(1) Note lue par M. Drouyn de Lhuys, le 28 avril 1877.

objets d'art de provenance européenne, témoignages ir-
récusables de l'ambassade dont il s'agit, et qui ont éveillé
une vive curiosité. Lors d'un voyage qu'il a fait derniè-
rement dans la partie septentrionale de l'empire, le Mi-
kado s'est fait montrer ces reliques intéressantes, qui ont
depuis été transportées à Tokio, pour être mises sous
les yeux des habitants de la capitale.

L'auteur de l'article auquel sont empruntés les faits
qui vont suivre, fait remarquer que ce n'était pas la seule
fois que les princes du Japon fussent entrés en relation
avec les souverains de l'Occident. En 1582, avant l'é-
poque où les Taïkouns établirent leur suprématie sur les
autres hauts feudataires, le daïmio de Bungo avait envoyé
au pape alors régnant (Grégoire XIII) des ambassadeurs
chargés d'une lettre qui fut probablement la première
communication de quelque importance adressée de ce
pays à un potentat européen. Les ambassadeurs repar-
tirent quelques années plus tard, et leur voyage a été
non-seulement minutieusement décrit par nos annalistes
ecclésiastiques, mais encore consigné dans un passage
bien connu des chroniques japonaises. Hildreth en fait
un récit très-animé dans le Xe chapitre de son livre. Dix
ans plus tard, le premier des Taïkouns, Hideyosi, faisait
parvenir une missive au vice-roi portugais de Goa ; et,
à dix autres années de distance, le second des Taïkouns,
Iyeyasu aurait, croit-on, écrit directement au stadhouder
de Hollande (Maurice de Nassau). Il paraît certain qu'il
envoya, par l'entremise du capitaine Saris, une lettre à
Jacques Ier d'Angleterre. Ces dernières ouvertures n'a-
vaient qu'un but politique et commercial, et, dès ce
moment, l'influence exercée par les missionnaires ca-

tholiques était notablement déchue. Cette influence re-
parut encore une fois à l'occasion de l'ambassade relatée
dans le *Times* de Tokio.

L'inspirateur de cette démarche fut un franciscain
venu de Séville, nommé Louis Sotelo. A deux reprises,
il avait déjà essayé de nouer des relations entre le Japon
et les possessions espagnoles. La première fois, malgré
ses habiles conseils, don Rodrigue de Vivero, ancien
gouverneur de Manille, naufragé sur les côtes du Nippon
en 1608, n'avait pu réussir à conclure une alliance avec
le Taïkoun Iyeyasu. Un envoyé de la Nouvelle-Espagne,
qui survint après Vivero, et qui eut également recours
à l'expérience de Sotelo, ne fut pas plus heureux. Voyant
qu'il n'y avait rien à espérer de ce côté, le franciscain
résolut de s'adresser à un prince plus éloigné. Peu de
missionnaires avant lui avaient pénétré dans la province
d'Oshiu, et il y trouva les égards qu'il n'avait pu obte-
nir ailleurs.

La partie commerciale du plan de Sotelo consistait à
créer un échange lucratif de produits entre le Japon et
le Mexique. Il songeait donc à organiser une ambassade
qui se rendrait en Europe, non par la voie de l'Inde,
ainsi qu'on avait fait en 1582, mais en traversant le
continent américain. Le daïmio d'Oshiu, Date Masamune,
que les documents contemporains appellent prince de
Vochou, embrassa son projet avec ardeur, bien qu'il
subsiste encore nn certain doute sur les motifs qui l'y
poussaient. A première vue, il semble avoir été guidé
par une impulsion uniquement religieuse, mais s'il faut
s'en rapporter à la tradition locale, il aurait été déter-
miné à agir dès le principe par de vagues idées de con-

quête. Quoi qu'il en soit, ce prince choisit pour le représenter en Europe un de ses vassaux, ayant pour nom Ilashikura Rokuyemon, et il lui fournit un navire qui le transporta, accompagné de Sotelo, à Acapulco, vers la fin de 1613. Un pareil voyage eût été impossible quelques années après, lorsque vers le milieu du xviie siècle, le troisième des Taïkouns, Iyemitsu, voulant empêcher toute relation entre les Japonais et les peuples étrangers, modifia la forme des navires et leur imposa le modèle qui paraît avoir rigoureusement été adopté jusqu'à l'époque actuelle. Les deux voyageurs furent reçus en grande cérémonie dans la ville de Mexico, d'où ils se dirigèrent sur l'Espagne. Ils arrivèrent à Séville et à Madrid dans l'automne de 1614. La première de ces villes était la patrie de Sotelo, et l'ambassadeur, accueilli avec une pompe spéciale, remit aux magistrats l'épitre suivante de son maître :

« Date Masamune, prince de Vochou (Oshiu) à la cité de Séville ;

« A la très-illustre cité de Séville, la plus fameuse parmi les nations du monde.

« Par une providence toute spéciale de Dieu, le père Fray-Louis Sotelo étant venu dans notre royaume, nous avons connu les excellentes vérités de la foi divine et de la religion que nous jugeons être sainte et bonne, et la voie véritable et certaine du salut. C'est pourquoi nous avons désiré nous imposer l'obligation de nous y conformer, et de recevoir le titre légitime de chrétien par le saint moyen du baptême ; mais ne pouvant le faire immédiatement, par des raisons de grand poids qui nous

en empêchent, nous désirons que tous nos vassaux, quel
que soit leur rang, embrassent la loi du Dieu des chrétiens, ce que nous espérons voir réaliser par les efforts
et le zèle du père Sotelo et d'un gentilhomme de notre
maison, nommé Iachecoura (Iiashikura) Rokuyemon,
choisis par moi comme ambassadeurs auprès du Seigneur
suprême des chrétiens, que ceux-ci appellent le pape, et
qu'ils adorent comme le vicaire du Christ sur terre.

« Ayant appris en détail la grandeur et la richesse
de votre illustre république, patrie du père Sotelo,
nous avons conçu pour votre Seigneurie une grande et
particulière affection, parce que le saint homme qui nous
a le premier procuré la lumière de la doctrine et de la
sainte loi de Dieu, est issu, comme un très-précieux re-
jeton, du noble tronc de Séville. Nous rendons donc à
la divine Majesté de continuelles actions de grâces, en
même temps que nous vous en adressons autant par nos
lettres à Votre Seigneurie, et que nos ambassadeurs le
feront de bouche en notre nom. Nous vous prions de
recevoir notre message de la même manière que nous
vous avons reçu dans notre amitié, dès ce moment et à
jamais, et d'avoir pour agréable de reposer la vôtre en
nous ; et de nous en envoyer un témoignage authenti-
que, selon que nous le désirons, de telle façon qu'il
puisse être conservé à jamais dans nos archives royales,
ainsi que nous l'anticipons en vous faisant parvenir un
gage de notre sympathie, savoir : une épée et un poi-
gnard, qui sont les plus précieux insignes de notre personne royale. Et afin d'avoir un gage et d'entrer en
possession de la faveur de votre Seigneurie, faveur dont
nous sommes déjà pleinement assuré, nous serons bien

aise que vous ayez pour agréable de chérir et de protéger nos ambassadeurs, pour qu'ils puissent arriver en la présence du grand et puissant roi d'Espagne (Philippe III) et aller se prosterner aux pieds du Souverain-Pontife, le grand monarque de la République chrétienne ; afin que ce dernier, conformément à nos justes désirs, et avec la bienveillauce et la clémence que nous espérons trouver en lui, nous permette, au moyen de la sainte foi que nous souhaitons d'embrasser, de sonmettre notre couronne et tous nos vassaux à la sainte Église, et de reconnaître en esprit, son chef sacré comme tenant la place de Dieu au-dessus de tous les princes. Depuis longtemps nous avons entendu parler du grand nombre de navires qui vont, des océans Indien et du Sud, commercer avec notre illustre République, guidés par des pilotes instruits dans l'art de la navigation et profondément versés dans la connaissance des mers ; et, désirant savoir si la navigation peut s'effectuer depuis nos eaux jusqu'à la mer d'Espagne, et quels sont les ports de relâche et les climats intermédiaires, nous serions heureux de voir ces pilotes venir jusqu'à nous et nous communiquer les fruits de leur expérience, afin que, si cette navigation est possible, nous puissions donner ordre à nos navires d'accomplir le voyage tous les ans, de manière à nous donner de plus fréquentes occasions de vous manifester notre bonne volonté. Sur toutes choses, le père Sotelo devra ajouter de vive voix tout ce que nous sommes obligés d'omettre pour abréger. Vous voudrez bien placer en lui toute confiance et lui faire savoir en même temps sous quel rapport nous pouvons vous être utile ; et vous pouvez être assurés que vous trouverez en nous un continuel empressement à servir Votre Seigneurie.

« Donné en notre cour de Chendai (Sendai), le 14° jour de la 9° lune de la 18e année de l'ère de Keicho, lequel correspond au 26 octobre 1613.

« Dans l'espoir de l'amitié et de la grâce de Votre Seigneurie.

Date Masamune Matsundayre Mulsunocami (Matsodaira Mutsu-no-Kassix). »

Il serait trop long de reproduire les assurances par écrit de bienvenue et les réponses formelles, préparées à l'avance, qu'échangèrent les ambassadeurs avec les autorités des diverses villes qu'ils eurent à traverser. Sauf le diplôme de citoyen romain, accordé à l'envoyé japonais, et que nous donnerons plus loin, le principal intérêt de la correspondance réside dans les documents émanés de son maître. A son arrivée à Rome, Ilashikura fit parvenir à sa haute destination la plus importante des dépêches qui lui avaient été confiées, et dont voici la teneur :

« Le Prince de Vochou au pape Paul V,

« Moi, Date Masamune, roi de Vochou, dans l'empire du Japon, j'embrasse avec la plus profonde soumission et révérence les pieds du Seigneur pape Paul V, le très-grand, l'universel et le très-saint-père de l'univers, et je lui dis, en suppliant :

« Le P. Fray Louis Sotelo, moine de l'ordre de Saint-François, étant venu dans mon royaume, et y ayant annoncé la loi chrétienne, m'a rendu visite. J'ai connu par lui cette religion, et il m'a expliqué de nombreux

mystères concernant les rites et cérémonies des chrétiens. J'ai reçu ces enseignements dans mon cœur, et,
les ayant examinés, j'ai reconnu qu'ils sont véritables et
salutaires, et je n'hésiterais pas à professer ouverte-
ment ce culte, si certaines affaires ne m'en empêchaient
et si des obstacles invincibles ne se dressaient sur mon
chemin. Mais si je suis personnellement retenu pour le
présent, je désire du moins que mes sujets puissent ac-
tuellement se faire chrétiens. Afin de hâter cet heureux
événement, je prie Votre Béatitude de m'envoyer quelques moines de l'ordre de Saint-François, dits de l'Ob-
servance. Ce sont ces moines que je chéris et que je vé-
vénère de préférence. Puisse Votre Altesse daigner leur
accorder abondamment des indulgences, des faveurs et
tout ce qui pourrait contribuer à leurs succès. Quant à
moi, je ne cesserai de les protéger du moment qu'ils
auront mis les pieds sur mon territoire. Je les aiderai
à construire leurs monastères, et je les comblerai de
tous les bienfaits qu'il sera en mon pouvoir de leur conférer. Je vous prie aussi, avec instance, de vouloir bien
disposer, gouverner et instituer dans mes royaumes
tout ce que vous croirez utile pour la propagation de la
sainte loi de Dieu, et spécialement de nommer et créer
un Grand Prélat, sous la direction et par le zèle duquel
tous les habitants seront convertis sans délai à la foi
chrétienne. En ce qui touche les dépenses du Prélat et
les revenus nécessaires à son établissement, soyez sans
sans aucune inquiétude; car nous y pourvoirons abondamment nous-mêmes, et nous en prenons l'entière
responsabilité. Je vous envoie dans ce but, à titre de
mon ambassadeur, le P. Louis Sotelo, auprès duquel

vous pourrez vous informer, à votre bon plaisir, de la disposition de mon cœur; car il sait à fond ce qne renferme mon cœur à l'égard des intentions qui précèdent; et, afin qu'elles puissent être remplies, je prie Votre Béatitude de prêter à cet ambassadeur une oreille favorable et de le recevoir avec honneur. Ce moine sera accompagné d'un illustre gentilhomme de ma maison, nommé Ilachegure Rakuyemon, lequel est aussi mon ambassadeur afin que tous deux, étant porteurs de mon hommage et obéissance, se rendent auprès de la très-sainte cour romaine, et embrassent pour moi vos pieds sacrés. Et s'il arrivait que le P. Fray Louis Sotelo mourût pendant le voyage, je désire que toute autre personne désignée par lui soit admise en votre présence en qualité d'ambassadeur investi des mêmes pouvoirs que lui-même.

« J'ai appris, en outre, que mon royaume n'est pas très-éloigné des royaumes de la Nouvelle-Espague, lesquels font partie des domaines du très-puissant Philippe, roi d'Espagne. C'est pourquoi, dans mon désir d'entrer en relations avec lui et avec ses États chrétiens, je souhaite de tout cœur son amitié, et je ne doute pas que je ne l'obtienne si vous m'y aidez de votre autorité, ainsi que je vous en supplie humblement, conjurant Votre Altesse d'entreprendre cette tâche et de la mener à bonne fin, d'autant plus que ces États sont sur la route que doivent nécessairement suivre les moines envoyés par vous dans notre royaume. Daignez par-dessus tout implorer Dieu tout-puissant, afin que je sois acceptable à sa divine Majesté. S'il se trouvait quelque chose dans notre royaume qui pût être agréable et utile à votre service, que Votre Altesse ordonne, et nous ferons tous nos efforts pour accomplir vos vœux. Je vous offre, à cette heure, avec révérence et crainte, quelques cadeaux bien insignifiants, mais qui viennent d'une contrée bien lointaine, c'est-à-dire du Japon. Pour tout autre éclaircissement, nous vous renvoyons au P. Fray Sotelo et au chevalier Rokuyemon. Et nous tenons pour avéré et parfait tout ce qu'ils pourront conclure en notre nom.

« De la ville et de notre cour de Chendai, la 18ᵉ année de l'ère de Keicho, le 4ᵉ jour de la 9ᵉ lune, c'est-à-dire le 6 octobre de l'an du salut 1613.

« Matsonndaira Montsuno Kami, Date Masamune. »

Peu après la remise de ce message, une distinction éclatante fut accordée au porteur. Le pape lui donna une audience et jugea à propos de faire de Ilashikura un sénateur romain. La pièce qui enregistrait et proclamait cette décision est une des reliques ramenées au jour à Sendai et qui viennent d'être transférées à Tokio. M. Thomas Mac Clatchie, de la légation britannique, l'a examinée avec le plus grand soin et l'a décrite en ces termes :

« Ce document est écrit sur parchemin ; la partie inférieure, comprenant le sceau et les signatures, est détruite. Le texte est entouré en haut et sur les côtés d'une bordure enluminée. Au centre du bord supérieur est une miniature faisant allusion aux progrès de la religion catholique en Orient et représentant des indigènes de diverses nations de l'Asie se soumettant à la suprématie de Rome. A droite, sont peints deux enfants allaités par une louve, par allusion à l'antique légende d'après laquelle Romulus, le fondateur de Rome, et son frère jumeau Rémus, après avoir été abandonnés aux flots du Tibre, auraient été nourris par un animal de cette espèce. A gauche est figuré un ancien étendard romain, blasonné comme un écusson héraldique, et portant, avec une croix, les lettres S. P. Q. R., initiales des mots « Senatus Populusque Romanus. » Dans l'angle supérieur de droite, et vers le milieu de chacune des bordures latérales, sont trois armoiries complètes, avec écu, cimier, casque et manteau. Le seul aspect de ces trois écussons indique presque positivement qu'ils appartiennent au continent, et il semble très-raisonnable de supposer que ce sont là les armoiries des trois « gardiens de la cité bénigne, » mentionnés dans l'acte. Le dernier symbole héraldique, situé dans l'angle supérieur de gauche, est étrange, et, quoique en partie de style européen, on peut douter que ce soit un écusson occidental. On n'y voit ni cimier, ni casque, ni manteau, et la couronne qui le surmonte paraît n'être qu'un ornement de même genre que celle peinte au-dessus de l'étendard romain voisin. Ce que représente cet écusson est une croix à bras coudés, motif cabalistique, qui se rencontre dans l'héraldique européenne, placé au-dessus de deux flèches s'entre-croisant, le tout blasonné en noir sur un écu d'argent. Dans la plupart des documents analogues, il était d'usage en Europe de faire figurer le blason du principal personnage dénommé dans l'écrit à l'angle supérieur gauche, angle réputé le plus honorable et que, pour cette raison, on appelait non le « chef senestre » mais le « chef dextre. » On peut donc se demander, dans le cas présent, si l'artiste italien ne s'est pas proposé de blasonner les insignes japonais de Ilashikura Rokuyemon. La croix coudée est l'une des deux figures employées au Japon pour figurer le *manji*, et les deux flèches entre-croisées sont aussi un symbole honorifique dans ce pays. Ilashikura arborait-il donc les deux objets à titre d'insignes de famille, ou bien le *manji* ne constituait-il pas sa véritable marque d'honneur (*jomon*) et les flèches correspondraient-elles à sa seconde marque (*kacmon*) ? Le miniaturiste italien se sera naturellement efforcé de faire harmoniser autant que possible les insignes de Ilashikura avec les autres blasons qu'il traçait sur la bordure enluminée, et, pour orner celle-ci et la compléter, il aura intercalé entre ces armoiries des trophées d'armes les uns de style romain antique, les autres dans un goût plus moderne. »

Le journaliste anglais ajoute que la question des armoiries de Ilashikura est l'une de celles sur lesquelles se sont portées les investigations des savants japonais. Il publie ensuite la traduction du brevet décerné à cet ambassadeur, faite par un autre attaché de la légation d'Angleterre, M. W. G. Aston. La voici :

« Attendu que Ludovic Renzi, Vincent Muta de Papazurri et Jacques Velli, gardiens de la Cité Bénigne, ont fait au Sénat un rapport concernant le projet de conférer le titre de citoyen romain au très-illustre et excellent Philippe-François-Faxecura (Ilashikura) Rokuyemon, et que le peuple de Rome a rendu en cette matière un décret ainsi qu'il suit, savoir : La coutume observée dans la très-ancienne cité de Rome, même à l'époque des Rois et plus tard pratiquée pendant les années de la République qui suivirent, n'a pas non plus été négligée de notre temps, et le Sénat et le peuple de Rome ont reçu non-seulement avec, bonté mais avec munificence même des hommes arrivés d'hier, éminents par leurs vertus ou leur noblesse, qui sont venus de tous les points du monde se réunir dans cette Cité Bénigne, et en leur accordant, en outre de leur noblesse indigène et de naissance, la grandeur du nom romain, leur a conféré le titre de citoyens de Rome, de façon que des hommes qui excellaient en vertu et en noblesse étant inscrits parmi les citoyens romains, devenaient ou pouvaient devenir des sources de grand avantage et honneur pour notre République. Nous donc, influencés par l'autorité de l'exemple de nos ancêtres et de cette très-ancienne coutume nous estimons que nous ne devons pas négliger d'inscrire parmi les citoyens et les patriciens de Rome le très-illustre et excellent Philippe-François-Faxecura (Ilashi-kura) Rokuyemon, né dans l'État ou la Cour de Sendai dans le royaume de Voxou (Oshiu) au Japon, puisqu'il est venu dans cette Cité Bénigne de régions si lointaines et si reculées, en qualité d'envoyé auprès de notre très-saint seigneur Paul V (Borghèse), Pontife suprême (pape) de Rome, de la part du sérénissime roi de Voxou, dans l'empire du Japon, afin de persuader, avec toute révérence due, le Pontife romain, Pasteur de l'Église catholique et uiverselle et Vicaire de Jésus-Christ, le Fils de Dieu tout-puissant, de recevoir sous ses soins paternels et sa protection ledit Roi et ledit Royaume. Pour les susdites raisons le Sénat et le peuple de Rome, en vue d'être unis à lui par les liens de la plus étroite affection, ont décrété de décorer le susdit très-illustre

et excellent Philippe-François-Faxecura (Ilashikura) Rokuyemon du plus ample des titres de citoyen romain,
et de l'élire, ainsi qu'il le mérite, au rang des membres
de l'ordre sénatorial. Or cette volonté et cette décision
ayant été approuvées à l'unanimité et à la joie de tous,
il a plu aux mêmes Sénat et peuple de Rome de les
transmettre à une mémoire éternelle dans un document
publié émané des scribes dudit saint Sénat.

« Fait en l'an 2366 depuis la fondation de la ville,
et en l'an 1615 depuis la rédemption du monde, le
XIIe jour avant les calendes de décembre (le 18 no-
vembre). »

Pour récompenser Sotelo de la part qu'il avait prise
à cette affaire, il fut nommé évêque du nord et de l'est
du Japon, et légat du pape pour tout l'empire. L'ambassade reprit le chemin par lequel elle était venue, et
s'embarqua à Acapuleo, se servant à nouveau d'un
navire japonais. Le navire ayant fait relâche à Manille,
le franciscain se vit arrêter dans sa carrière par les re-
montrances des jésuites, qui persuadèrent au Conseil
des Indes de s'opposer à ce qu'il fût sacré sous le nouveau titre épiscopal auquel il avait été promu. On fit
agir aussi contre lui, dit-on, des intrigues commerciales,
et il fut contraint de retourner à Mexico. Ilashikura
continua sa route ; mais il paraît que son maître désap-
prouva l'empressement qu'il avait apporté à professer
la foi chrétienne, et il dut abandonner sans délai la
nouvelle religion. On doute encore aujourd'hui à Sendai
de la sincérité de son abjuration, et il ne manque pas
de gens qui soutiennent que Date lui-même fut toute sa

vie un adepte secret du Christ. On saura par des éclaircissements ultérieurs ce qu'il faut croire là-dessus. La fin de S)telo fut une amère déception. Il refusa de souscrire à la décision de ses chefs au Mexique, et repartit pour le Japon avec l'intention d'y exercer ses fonctions de légat. Il parvint à ne pas se laisser découvrir à Manille, et, s'étant déguisé en marchand, il passa à bord d'un navire chinois faisant voile pour Nagasaki. Mais le capitaine ayant surpris son projet, il fut saisi et livré aux autorités japonaises, à une époque où la persécution contre les chrétiens sévissait dans toute sa rigueur. Il fut mis à mort en 1624 (1).

(1) Le *Times* de Tokio revient, en terminant son article, sur les objets se rapportant à l'ambassade de Ilashikura qui ont été découverts à Sendai, et qui seront probablement soumis à des essais de restauration avant d'être déposés dans un établissement public. Ils comprennent, outre le document décrit par M. Mac Clatchie et traduit par M. Aston, un portrait à mi-corps de l'ambassadeur lui-même, peint sur canevas, et mesurant 4 pieds de hauteur sur 3 et demi de large. Le canevas est rongé aux bords et la peinture a souffert de mauvais plis ; mais, au dire d'un expert italien, M. Chiossone, elle pourra aisément être remise en état, et peut-être, en la nettoyant, pourra-t-on rendre visible le nom de l'artiste. Celui-ci a représenté Ilashikura à genoux, les mains croisées sur la poitrine, devant une table sur laquelle est planté un crucifix. Il est difficile, dans la condition actuelle du tableau, de déterminer si le vêtement est ou non de coupe européenne ; certains ornements ne sont certainement pas japonais ; mais ce caractère appartient indubitablement à une courte épée passé dans la ceinture. Un des doigts est enrichi d'une bague d'origine étrangère. Les cheveux sont taillés et accommodés à l'ancienne mode japonaise, et la lèvre supérieure est ombragée d'une courte moustache. Les

traits sont réguliers, et l'expression du visage, tout en étant très-sérieuse, est extrêmement agréable.

Une seconde peinture, de plus petites dimensions et exécutée sur cuivre, représente la Vierge et l'Enfant au centre, Dieu et les anges dans le haut, et plus bas des figures de saints. Viennent ensuite deux crucifix de bronze, très-corrodés et légèrement brisés ; l'un d'eux paraît avoir été d'un très-beau travail. Une foule de rosaires, de médaillons, de fragments de plaques de bronze portant des légendes et des devises religieuses, des costumes sacerdotaux et autres, et des équipements de chevaux, tels que selles, brides, étriers, le tout évidemment de fabrique occidentale, complètent la collection.